# Ihminen ja luonto

## Sri Mata Amritanandamayi

Seuraavassa tekstissä Amma
vastaa Yhdysvaltojen johtavan
ympäristöasiantuntijan Sam La Budden
esittämiin ympäristöongelmia koskeviin
kysymyksiin.

Mata Amritanandamayi Center, San Ramon
Kalifornia, Yhdysvallat

# Ihminen ja luonto
Sri Mata Amritanandamayin ajatuksia
Malajalamin kielestä englanniksi kääntänyt
Swami Amritaswarupananda

*Julkaisija:*
   Mata Amritanandamayi Center
   P.O. Box 613
   San Ramon, CA 94583
   Yhdysvallat

────────── *Man and Nature (Finnish)* ──────────

© 1999 Mata Amritanandamayi Mission Trust,
Amritapuri, Kerala, 690 546, Intia
Mitään osaa tästä julkaisusta ei saa kopioida, tallentaa
hakujärjestelmään tai levittää millään keinoilla –
sähköisesti, koneellisesti, valokopioina, tallentaen tai
muutoin – ilman julkaisijan kirjallista suostumusta.

*Ensimmäinen painos MA Centerin:* huhtikuu 2016

*Saatavissa myös:* www.amma.fi

*Intiassa:*
   inform@amritapuri.org
   www.amritapuri.org

# Esipuhe

Elämä opettaa, että opimme parhaiten kokemuksen kautta. Todellisia opettajia ovat ne, jotka herättävät sisällämme jo olemassa olevan tiedon ja muistuttavat siitä, että jonkin asian tietäminen, mutta sen mukaisesti toimimatta jättäminen on sama kuin emme tietäisi asiaa lainkaan. Amman jäljittelemätön kyky muuttaa tieto teoiksi kumpuaa hänen rakastavasta huomautuksestaan, että "Uskonto on tapa elää".

Uskonto pyrkii pyyhkimään pois väärän käsityksemme minästä ja poistamaan elämästämme kaksinaisuuden tunteen, tuon keinotekoisen erottelun minän ja kaiken muun välillä. Sama minä-tunne, joka estää meitä olemasta myötätuntoisia muita ihmisiä kohtaan kuvitellessamme erheellisesti olevamme erillisiä, sallii meidän myös tuhoavan ympäristömme, sillä emme' tajua olevamme osa sitä. Useimmat ihmiset käyttäytyvät vieläkin aivan kuin luonto olisi jokin paikka kaukana metsissä tai vuorilla, eikä paikka, jossa me kaikki elämme tai jonka olentoja me olemme.

## Ihminen ja luonto

Amma sanoo, että "Jumalan olemassaolon kieltäminen on oman olemassaolon kieltämistä". Sama koskee luontoa, joka ilmentää Jumalaa näkyvässä muodossa. Vaikka monet ihmiset uskovatkin, että ihmisen on tarkoitus vallata luonto, on meistä tätä yrittäessämme tullut oma pahin vihollisemme. Me olemme osa luontoa. Luonnon kyky suojella ja hoitaa meitä riippuu omasta kyvystämme palauttaa tasapaino suhteeseemme maapallon ja sen kaikkien luontokappaleiden kanssa.

Amma pyytää meitä löytämään itsestämme sen hiljaisen epäitsekkyyden, joka uinuu meissä kaikissa. Myös luonto kutsuu meitä. Sen huudot ovat viime aikoina

Tulleet yhä äänekkäämmiksi ihmisten tuhotessa yhä enenevässä määrin maapallon kykyä uusiutua. Osana luontoa oleminen merkitsee sitä, että itse olemme oma ympäristömme. Meidän on aika nähdä, että maapallon tarpeet ovat täsmälleen samoja kuin omamme.

Amman pohdintaan luonnosta ja omasta roolistamme tällä planeetalla ei ole mitään lisättävää. Tämä on tuskin yllättävää ottaen huomioon jakamattomuuden Jumalan ja luonnon välillä. Nämä kaksi todellakin ovat yksi ja sama.

Luonnon kieltäminen heikentää omaa sisintämme sekä kykyämme kokea vapautta. Se sama hiljaisuus, jota etsimme sisältämme, on se hiljaisuus joka vieläkin vallitsee metsissä, valtamerissä ja vuorten huipuilla. Ja aivan kuten meidän tulee keskittyä ja pyrkiä rauhoittamaan sisäinen myllerryksemme, tulee meidän myös toimia korjataksemme luontoa kohtaan aiheuttamamme tuhot. Maapallon ja sen

Luontokappaleiden paleleminen ei ole (mitään muuta) Jumalaa kohtaan suorittamaamme palvelua vähäisempää. Elvyttäkäämme siis uskomme maapallon palvelemiseen.

*Sam La Budde*
*Johtaja*
*Uhanalaiset lajit -hanke*

# Sisältö

Mikä on ihmisen ja luonnon välinen suhde? 9

Mikä on uskonnon merkitys ihmisen ja luonnon Välisessä suhteessa? 10

Mikä aiheutti ihmisen ja luonnon välisen suhteen rikkoutumisen? 18

Mikä on henkisten harjoitusten ja luonnonsuojelun välinen suhde? 22

Kuinka vakavasta ympäristöongelmasta on kysymys? 27

Onko ihmisestä tulossa uhka elämän olemassaololle maapallolla? 32

Onko tärkeämpää antaa enemmän arvoa ihmisten tarpeille kuin luonnolle? 33

Mihin toimenpiteisiin yhteiskunnassa voidaan ryhtyä estääksemme luonnon ja eläinten tuhoutumisen? 34

Ovatko metsät välttämätön osa maapalloa? 36

Onko suositeltavaa lähestyä henkisiä mestareita ilman, että yrittäisimme ensin itse ratkaista tämänhetkiset ongelmat? 37

# Ihminen ja Luonto

Seuraavassa tekstissä Amma vastaa Yhdysvaltojen johtavan ympäristöasiantuntijan Sam La Budden esittämiin ympäristöongelmia koskeviin kysymyksiin

Ihminen ja luonto

*Mikä on ihmisen ja luonnon välinen suhde?*

*Amma:* Lapset, Ihminen Ei Ole Erillään Luonnosta. Hän On Osa Luontoa. Ihmiskunnan Koko Olemassaolo Maan Päällä Riippuu Luonnosta. Todellisuudessa Emme Suojele Luontoa – Luonto Suojelee Meitä. Esimerkiksi Puut Ja Pensaat Ovat Ehdottoman Välttämättömiä Elämän Energian puhdistamiseksi. Kaikki tietävät, että ihmiset eivät voi elää erämaassa. Tämä johtuu siitä, ettei siellä ole puita, jotka puhdistaisivat elämän energiaa. Jos ilmakehän puhdistusta ei tapahdu, ihmisten terveys heikkenee. Tämä johtaa eliniän lyhenemiseen, erilaisiin sairauksiin, huonontuvaan näkökykyyn tai jopa sokeuteen. Elämämme riippuu erottamattomalla tavalla luonnosta; pienikin muutos luonnossa vaikuttaa elämäämme tällä planeetalla. Samoin ihmisten ajatuksilla ja toimilla on vaikutus luontoon. Jos luonto menettää tasapainonsa, myös ihmiselämän harmonia katoaa ja päinvastoin.

Ihmisen luontoon yhdistävä tekijä on ihmisen synnynnäinen viattomuus. Nähdessämme sateenkaaren tai valtameren laineet, koemmeko edelleen lapsen viattoman ilon? Aikuinen, joka ei koe sateenkaarta muuna kuin valon aaltoina, ei tule tietämään sitä iloa ja ihmetystä, jota lapsi tuntee nähdessään sateenkaaren tai katsellessaan valtameren aaltoja.

Usko Jumalaan on paras tapa säilyttää tämä lapsenomainen viattomuus. Hän, jolla on synnynnäisestä viattomuudesta kumpuavaa uskoa ja antaumusta Jumalaa kohtaan, näkee Jumalan kaikessa: jokaisessa puussa ja eläimessä, jokaisessa luonnon ilmenemismuodossa. Tämä asenne auttaa häntä elämään täydellisessä sopusoinnussa luonnon kanssa. Sillä loputtomalla rakkaudella, joka virtaa todellisesta uskovasta koko luomakuntaa kohtaan, on lempeä ja rauhoittava vaikutus luontoon. Tällainen rakkaus on parasta luonnon suojelua.

Itsekkyytemme lisääntyessä alamme menettää viattomuuttamme. Kun näin käy, ihminen vieraantuu luonnosta ja alkaa käyttää sitä hyväkseen. Ihminen ei tiedä, kuinka suuri uhka hänestä on tullut luonnolle. Vahingoittaessaan luontoa hän tekee tietä omalle tuhollleen.

Ihmisen älyllisen ja tieteellisen tiedon lisääntyessä hänen ei tulisi unohtaa niitä sydämen tunteita, jotka auttavat häntä elämään sopusoinnussa luonnon ja sen peruslakien kanssa.

*Mikä on uskonnon merkitys ihmisen ja luonnon välisessä suhteessa?*

*Amma:* Uskonto on se, mikä auttaa ihmistä pitämään yllä tietoisuuden siitä, ettei hän ole erillään luonnosta. Ilman uskontoa ihmiskunta menettää tämän tietoisuuden. Uskonto opettaa meitä rakastamaan luontoa. Todellisuudessa ihmiskunnan kehitys ja menestys riippuu yksinomaan siitä, mitä ihminen tekee luonnon hyväksi. Uskonto auttaa ylläpitämään tasapainoista suhdetta ihmisten välillä, yksilön ja yhteiskunnan välillä sekä ihmisen ja luonnon välillä.

Ihmisen ja luonnon välinen suhde on kuin *Pindanandan* (mikrokosmoksen) ja *Brahmanandan* (makrokosmoksen) välinen suhde. Kaukaiset esi-isämme ymmärsivät tämän. Siksi he pitivät luonnon palvontaa niin tärkeänä osana uskonnollisia harjoituksia. Kaikkien uskonnollisten *acharamien* (harjoitusten) tarkoituksena oli liittää ihmiset läheisesti luontoon. Luomalla rakastavan suhteen ihmisen ja luonnon välille, he varmistivat sekä luonnon tasapainon että ihmiskunnan kehityksen.

Katsokaa puuta. Se tarjoaa suojan sillekin, joka kaataa sen. Se antaa makeat, herkulliset hedelmänsä henkilölle, joka vahingoittaa sitä. Meidän asenteemme on kuitenkin täysin toisenlainen. Istuttaessamme puun tai kasvattaessamme eläimen, huolehdimme ainoastaan siitä saatavasta tuotosta jos eläin lakkaa tuottamasta voittoa, lopetamme sen välittömästi. Heti kun lehmä lakkaa tuottamasta maitoa, myymme sen teurastajalle ansaitaksemme rahaa. Jos puu lakkaa tuottamasta hedelmiä, kaadamme sen ja teemme siitä huonekaluja tai jotakin muuta. Itsekkyydellä on ylin valta. Epäitsekästä rakkautta ei löydy mistään. Esi-isämme eivät kuitenkaan olleet tällaisia. He tiesivät puiden, kasvien ja eläinten olevan ehdottoman välttämättömiä ihmisten hyvinvoinnille. He näkivät ennalta, että ihminen itsekkyyden hetkinään tulisi unohtamaan luonnon ja lakkaisi välittämästä siitä. He tiesivät myös, että tulevat sukupolvet tulisivat kärsimään ihmisen ja luonnon välisen yhteyden katkeamisesta. Sen vuoksi he liittivät jokaisen uskonnollisen menon luontoon. Niin he uskonnollisten periaatteiden kautta onnistuivat kehittämään tunnepohjaisen siteen ihmisen ja luonnon välille. Esi-isämme rakastivat ja palvoivat puita ja kasveja, kuten *banian*-puuta, *bilvaa* ja *tulasia* (eräs basilikan laji), mutta eivät siksi, että puut tuottivat hedelmiä ja auttoivat heitä saamaan voittoa vaan siksi, että he tiesivät todellisuudessa olevansa yhtä kaiken luonnon kanssa.

Uskonto opettaa ihmistä rakastamaan koko luomakuntaa. Toiset pilkkaavat uskontoa sanoen sen olevan pelkkää sokeaa uskoa. Tällaisten ihmisten tekojen voidaan kuitenkin yleisesti todeta aiheuttavan enemmän vahinkoa luonnolle kuin Jumalaan uskovien. Uskonnollisuuteen taipuvaiset ihmiset ovat niitä, jotka suojelevat, ylläpitävät ja rakastavat luontoa, eivät niin sanotut intellektuellit. On olemassa ihmisiä, jotka siteeraamalla uusimpia tieteellisiä teorioita pyrkivät aina osoittamaan kaikkien uskontojen opetuksien olevan virheellisiä. Todellisuudessa se kunnioitus ja antaumus, jota ihmiset kehittävät uskon kautta, vaikuttaa aina suotuisasti sekä ihmiskuntaan että luontoon.

Uskonto opettaa meitä palvomaan Jumalaa luonnossa. Sri Krishnan elämätarinoiden kautta *tulasi*-kasvista ja lehmistä on tullut erittäin rakkaita intialaisille; he suojelevat ja pitävät niistä huolta rakkaudella. Entisaikoina jokaisen intialaisen

"Aivan kuten luonto on omistautunut auttamaan meitä, samoin meidän tulisi omistautua vaalimaan luontoa. Ainoastaan siten voimme ylläpitää harmoniaa luonnon ja ihmisen välillä."
– Amma

talon vieressä oli lampi ja pieni metsikkö. Joka kodin etupihalla oli *tulasi* kasvamassa. *Tulasin* lehdillä on vahvoja parantavia ominaisuuksia. Lehdet eivät lakastu useaan päivään poimimisen jälkeenkään; lääkinnälliset ominaisuudet säilyvät edelleen. Osana päivittäisiä toimia olikin tuolloin *tulasin* kastelu aamuisin, samalla kumartaen sen edessä kunnioittavasti ja antaumuksella, palvoen sitä Jumalattaren ruumiillistumana. Tämä oli perinteinen tapa kunnioittaa ja palvoa myös muita puita, kuten *banian*-puuta, *bilvaa* ja viikunapuuta. *Tulasin* lehtien lääkinnällinen hyöty, josta muinaiset *rishit* (tietäjät) olivat tietoisia jo kauan sitten, on nyt voitu todistaa uusimpien tieteellisten kokeiden avulla. Mutta kysymys kuuluukin, osoittavatko tiedemiehet ja muut *tulasin* sekä toisten pyhien kasvien lääkearvon löytäneet samaa rakkautta ja kunnioitusta luontoa kohtaan kuin muinaiset esi-isämme, joita innoitti heidän uskonsa? Eikö se olekin uskontoon liittyvä usko, pikemminkin kuin nykyaikaisen tieteen kautta saatu tieto, joka auttaa suojelemaan ja ylläpitämään luontoa?

Oletetaan, että sinulla on kymmenen siementä. Käytä niistä halutessasi yhdeksän ravinnoksi, mutta jätä ainakin yksi siemen talteen kylvämistä varten. Mitään ei tulisi hävittää kokonaan. Jos saat sadostasi sata euroa, vähintään kymmenen euroa tulisi antaa hyväntekeväisyyteen.

Intialaiset pyhät kirjoitukset opettavat, että perheellisen tulisi suorittaa viisi päivittäistä rituaalia (*pancha yajnas*). Ensimmäinen näistä on *deva yajna* eli Jumalan, Korkeimman Voiman palvonta, joka tulisi tehdä antaumuksellisesti ja jokaisen parhaan kykynsä mukaisesti. Seuraavana on *rishi yajna* eli tietäjien palvonta. Muinaiset Jumalan oivaltaneet tietäjät eivät antaneet ainutlaatuisten kokemustensa vaipua unohdukseen. Myötätunnosta ihmiskuntaa kohtaan he välittivät kokemuksensa eteenpäin pyhinä kirjoituksina ja muina pyhinä teksteinä. Näiden kirjoitettujen opetusten harras opiskelu ja harjoittaminen muodostavat tämän palveluksen. Kolmantena on *pitru yajna*. Tämä koostuu omien vanhempien ja ikääntyneiden henkilöiden kunnioittamisesta ja palvelemisesta. Siihen sisältyvät myös pyhät ja hyväntahtoiset ajatukset jo poistuneiden esivanhempien hyvinvoinnin puolesta. Neljäntenä tulee *nara yajna*, eli ihmiskunnan palveleminen. Tämä sisältää kaikki epäitsekkään palvelun muodot, kuten ruoan antamisen köyhille sekä vanhusten ja sairaiden palvelemisen. *Bhuta yajna* on viimeinen palvelus; se tarkoittaa kaikkien elävien olentojen palvelemista

Korkeimman ruumiillistumana. Tämä tapahtuu ruokkimalla ja hoivaamalla eläinkuntaa ja kasveja. Menneinä aikoina perheenjäsenet eivät koskaan syöneet ennen kuin perheen linnut ja muut eläimet oli ruokittu. He kastelivat myös kasvinsa ja puunsa ennen omaa ruokailuaan. Niihin aikoihin luonnon palvominen ja luonnonilmiöt olivat erottamaton osa ihmiselämää. Ihmiset olivat aina innokkaita miellyttämään luontoa, kiitollisina sen antamista lahjoista. *Bhuta yajna* saa aikaan tietoisuuden kaiken elämän yhtenäisyydestä. Näiden rituaalien avulla ihmiset oppivat elämään sopusoinnussa yhteiskunnan ja luonnon kanssa.

Uskonnon syvä ymmärtäminen ELI totuus koko luomakunnan ykseydestä auttaa ihmisiä rakastamaan luontoa ja kehittämään kunnioitusta ja antaumusta kaikkea kohtaan enemmän kuin nykyaikaisen tieteen tuntemus. Uskonnon opettama rakkaus ei ole sellaista rakkautta, jonka karkea äly voi ymmärtää. Se kuuluu sydämelle. Sen voi omaksua vain sellainen henkilö, jota on siunattu uskosta syntyvällä hienovaraisella älykkyydellä.

Jos kylässä on poliisi, varkauksia tapahtuu vähemmän, sillä ihmiset pelkäävät häntä. Vastaavasti kunnioitus ja antaumus Jumalaa kohtaan auttaa *dharman,* eli oikeanlaisen käytöksen ylläpitämisessä yhteiskunnassa. Uskonnollisten periaatteiden perinpohjainen omaksuminen ja tiettyjen käytäntöjen noudattaminen auttavat ihmisiä välttämään virheitä.

Ne, jotka väittävät uskonnon olevan ainoastaan kokoelma sokeita uskomuksia, eivät uhraa hetkeäkään yrittääkseen ymmärtää uskonnollisten harjoitusten taustalla olevia tieteellisiä periaatteita. Nykytiede voi tuottaa sadetta suihkuttamalla hopea-jodidia pilviin. Näin epäluonnollisesti aikaansaatu sade ei kuitenkaan ole välttämättä täysin puhdasta. Pyhät kirjoitukset sitä vastoin suosittelevat tiettyjä rituaaleja, jotka tuovat sateen. Viisaat tietävät, että näillä keinoin saatu sade on paljon korkeampilaatuisempaa kuin keinotekoisilla menetelmillä, kuten pilvien kylvämisellä aikaansaatu.

Vastaavalla tavoin voidaan sekä luontoa että ihmisiä erittäin paljon hyödyttävä muutos saada aikaan uhraamalla määrättyjä ainesosia uhritulessa. Kaikki tällaiset rituaalit auttavat palauttamaan luonnon menetetyn harmonian ja tasapainon. Aivan kuten ayurvediset yrtit ja kasvit parantavat fyysisiä sairauksia, rituaalitulesta nouseva savu puhdistaa ilmakehää, kun tuleen on uhrattu parantavia ainesosia. Suitsukkeiden polttaminen, öljylamppujen sytyttäminen ja puhtaan ruoan uhraaminen Jumalalle auttavat myös puhdistamaan ilmaa. Tällaisten rituaalien sivuvaikutukset eivät aiheuta yhtä paljon saastumista kuin kloori tai desinfiointiaineet, joita käytetään veden puhdistamiseen ja bakteerien hävittämiseen. Rituaalitulesta nouseva savu auttaa myös puhdistamaan hengityselimiä poistamalla hengitysteitä salpaavan liman.

Nykytieteen mukaan on vahingollista katsoa suoraan aurinkoon auringonpimennyksen aikana. Saman varoituksen antoivat jo muinaiset *rishit* aikakausia sitten. Käyttämällä alkeellista, mutta tehokasta menetelmää, he katsoivat auringon heijastumaa vedestä, johon oli liuotettu lehmänlantaa.

Rauhoittamalla ja suojelemalla villi- ja kotieläimiä, puita ja kasveja me suojelemme ja ylläpidämme luontoa. Esi-isämme palvoivat lehmiä ja maata, sisällyttäen ne viiden äidin (*pancha matas*) joukkoon. Viisi äitiä olivat: *dehamata* - biologinen äiti, *desamata* - kotimaa, *bhumata* - luontoäiti, *vedamata* - Vedat, ja *gomata* - lehmä. Esi-isillemme lehmä ei ollut vain nelijalkainen olento vaan pyhä eläin, jota palvottiin Jumalallisen Äidin yhtenä ilmenemismuotona.

Uskonto ei voi olla erillään luonnosta. Uskonto on linkki, joka sitoo ihmiskunnan luontoon. Uskonto poistaa ihmisessä olevan egon, jotta hän voi ymmärtää ja kokea ykseytensä luonnon kanssa.

*Mikä aiheutti ihmisen ja luonnon välisen suhteen rikkoutumisen?*

*Amma:* Itsekkyytensä vuoksi nykyihminen näkee luonnon itsestään erillisenä. Kun saamme haavan, olemme tietoisia siitä, että vasen ja oikea käsi ovat osa minua, joten toinen käsi huolehtii toisesta. Emme kuitenkaan kanna samaa huolta jonkun toisen loukkaantuessa, eikö totta? Tämä johtuu asenteestamme, jonka mukaan "se ei ole minun". Ihmisen ja luonnon erottavan muurin on luonut pääosin ihmisten itsekäs asennoituminen. Ihminen ajattelee, että luonto on luotu vain häntä varten, jotta hän voisi käyttää ja riistää sitä täyttäessään omia itsekkäitä toiveitaan. Tällainen asenne luo erillisyyden ja etäisyyden muurin. Pelottava totuus on, että nykyihminen on kadottanut avarakatseisuutensa nykytieteen valtavan kasvun seurauksena. Ihminen on löytänyt keinot tuottaa sata tomaattia kasvista, joka muutoin kasvattaisi vain kymmenen hedelmää. Hän on onnistunut myös tuplaamaan niiden koon. Vaikka onkin totta, että lisääntyneen tuotannon johdosta köyhyyttä ja nälkiintymistä on jossain määrin kyetty vähentämään, ihminen ei ole kovinkaan tietoinen syömänsä ravinnon mukana tulevien keinotekoisten lannoitteiden ja torjunta-aineiden haitallisista vaikutuksista. On kuitenkin myös tosiasia, että nämä kemikaalit tuhoavat kehon soluja ja saavat ihmisen altistumaan sairauksille. Sairaaloiden lukumäärää on myös jouduttu lisäämään tiedemiesten keinotekoisesti pakottaessa kasveja tuottamaan hedelmiä ja siemeniä paljon yli niiden normaalin tuotantokyvyn. Tieteen saavutukset ovat uskomattomia, mutta itsekkyytensä johdosta ihminen on menettänyt selkeyden nähdä asioiden todellinen luonne ja toimia arvostelukykyisesti.

Itsekäs halu saada enemmän saa ihmisen käyttämään keinotekoisia lannoitteita ja torjunta-aineita. Ahneutensa takia hän ei pysty rakastamaan kasveja. Ilmapallo voidaan täyttää vain tiettyyn pisteeseen asti. Jos siihen sen jälkeen puhalletaan lisää ilmaa, se hajoaa. Samalla tavoin siemen kykenee tuottamaan vain tietyn määrän satoa. Jos satoa yritetään lisätä keinotekoisin menetelmin ottamatta tätä huomioon, siemenen elinvoima ja laatu kärsivät. Tämä vahingoittaa myös niitä, jotka syövät niiden satoa. Ennen vanhaan viljelyyn riittivät vain vesi ja luonnolliset lannoitteet. Mutta nykyään tilanne on toisenlainen. Torjunta-aineista ja keinolannoitteista on tullut olennainen osa maanviljelyä. Jopa siinä määrin, että kasvien ja siementen vastustuskyky on tullut hyvin heikoksi ja ne ovat menettäneet voimansa taistella sairauksia vastaan. Luonnonmukaisten menetelmien avulla voimme vahvistaa niiden puolustuskykyä sairauksia vastaan. Uskonto opettaa meitä kunnioittamaan ja rakastamaan kaikkea nöyrästi. Tieteelliset keksinnöt ovat onnistuneet lisäämään määrää valtavasti, mutta samalla kaiken laatu on heikentynyt.

Linnun tai eläimen laittaminen häkkiin on sama kuin ihmisen sulkeminen kaltereiden taakse. Vapaus on jokaisen elävän olennon synnyinoikeus. Mikä oikeuttaa meidät riistämään tämän vapauden? Ruiskuttamalla hormoneja kanaan yritämme saada munista kookkaampia. Saamme kanat munimaan kaksi kertaa päivässä sulkemalla ne pimeisiin koppeihin, jotka avataan aika ajoin, luoden kanalle valheellisen vaikutelman päivän vaihtumisesta uudelleen. Mutta näin tehdessämme kanan elämä lyhenee puolella ja kananmunat menettävät kaiken laadukkuutensa. Ajatus voitosta on tehnyt ihmisestä sokean ja tuhonnut hänen

*Keskusteluja Amman kanssa*

kaiken hyvyytensä ja hyveensä. Tämä ei tarkoita, etteikö meidän tulisi ajatella tuotannon lisäämistä. Ei suinkaan. Oleellista on, että kaikella on rajansa ja tuon rajan ylittäminen merkitsee luonnon tuhoamista.

On korkea aika ottaa luonnon suojelu vakavasti. Luonnon tuhoutuminen merkitsee samaa kuin ihmiskunnan tuhoutuminen. Puut, eläimet, linnut, kasvit, metsät, vuoret, järvet ja joet - kaikki mikä on osa luontoa - tarvitsevat kipeästi hyvyyttämme, ihmisen myötätuntoista huolenpitoa ja suojelua. Jos suojelemme niitä, ne suojelevat puolestaan meitä.

Tarunomaiset dinosaurukset ja monet muut lajit ovat tuhoutuneet kokonaan maan päältä, koska ne eivät kyenneet elämään muuttuvissa ilmasto-olosuhteissa. Vastaavalla tavoin, ellei ihminen pidä varaansa, hänen itsekkyytensä saavuttaessa huippunsa tulee myös hänen antautua samalle kohtalolle.

Vain rakkaus ja myötätunto tekevät luonnon suojelemisen ja säilyttämisen mahdolliseksi. Mutta molemmat näistä ominaisuuksista ovat nopeasti hiipumassa. Tunteaksemme todellista rakkautta ja myötätuntoa, on meidän ensin oivallettava elämänvoiman ykseys, joka ylläpitää koko maailmankaikkeutta ja on sen perusta. Tämän oivalluksen saavuttaminen on mahdollista ainoastaan uskonnon syvän tutkiskelun ja henkisten periaatteiden noudattamisen kautta.

*Mikä on henkisten harjoitusten ja luonnonsuojelun välinen suhde?*

Amma: Kaikki on tietoisuuden läpäisemää. Tämä tietoisuus ylläpitää maailmaa ja sen kaikkia olentoja. Uskonto neuvoo palvomaan kaikkea, näkemään Jumalan kaikessa. Tällainen asenne opettaa meitä rakastamaan luontoa. Kukaan meistä ei vahingoittaisi tietoisesti omaa kehoaan, koska tiedämme sen tekevän kipeää. Samalla tavoin tulemme tuntemaan muiden ihmisten kivun omanamme kun oivallamme, että yksi ja sama

tietoisuus läpäisee kaiken. Myötätunto herää ja haluamme aidosti auttaa ja suojella kaikkia. Siinä tilassa emme halua poimia edes yhtä kasvin lehteä tarpeettomasti. Poimimme kukan vasta sen kukkimisen viimeisenä päivänä, juuri ennen kuin se irtoaa varresta. Jos kukka poimitaan ahneutemme takia sen ensimmäisenä kukintapäivänä, Koemme sen erittäin vahingollisena kasville ja luonnolle.

Menneinä aikoina jokaisessa kodissa oli perhepyhäkkö. Ihmisten oli tapana kasvattaa kukkia taloa ympäröivällä pihamaalla. Puutarha sai osakseen antaumuksellista huolenpitoa. Kukat, jotka perhe oli istuttanut ja kasvattanut huolella ja rakkaudella, uhrattiin Jumalalle jumalanpalveluksen aikana.

Kaikki, mitä saamme luonnosta, kukkien ja kasvien alkulähteestä, tulisi palauttaa sinne rakkaudella. Tätä vastaa vertauskuvallisesti kukkien uhraaminen Jumalalle. Se auttaa meitä myös vahvistamaan antaumustamme Jumalaa kohtaan. Täydellinen keskittyminen jumalanpalvelukseen auttaa meitä vähentämään ajatuksiamme ja puhdistaa siten mieltämme.

Joitakin vuosia sitten joka kotia ympäröivällä maa-alueella tai puutarhassa oli metsikkö tai puistikko, jossa oli pieni temppeli. Metsikössä tai puistikossa oli voimakkaan lääkitseviä puita, kuten *banian*-puu, viikuna ja metsäomena (bilva). Pyhäkkö ja metsikkö olivat koko perheen yleisimmät jumalanpalveluspaikat. Illansuussa perheellä oli tapana kokoontua pyhäkköön laulamaan jumalallisia nimiä (resitoimaan) ja rukoilemaan öljylamppujen valossa. Nykyaikainen tiede on hiljattain todennut, että musiikki edistää kasvien ja puiden tervettä kasvua. Antaumuksella ja rakkaudella laulaminen antaa kaikille olennoille paitsi autuuden kokemuksen myös mielen puhtautta ja mielenrauhaa. Tuuli, joka siivilöityy lääkekasvien ja -puiden lehtien läpi on sekin hyväksi terveydellemme. Savu, joka syntyy sekä messinkisessä lampussa öljyssä palavasta langasta että puhtaasta mehiläisvahakynttilästä tuhoaa ilman baktereja. Mutta ennen kaikkea keskittyneet rukoukset palauttavat luonnon kadonneen harmonian.

Jos tavallista ihmistä voidaan verrata sähkölamppuun, todellista *sadhakaa* (henkinen oppilas) voidaan verrata muuntajaan. Hiljentämällä mielensä ja säästämällä energiaa, joka muutoin hajaantuisi liialliseen itsensä hemmotteluun ja nautintojen etsimiseen, sadhak herättää itsessään olevan rajattoman voimanlähteen. Henkilökohtaisten mieltymysten tai vastenmielisyyksien puuttuessa kokonaan, jopa hänen hengityksestään tulee luonnolle hyödyllistä. Aivan kuten suodatin puhdistaa veden, *tapasvin* (askeetikon) *prana* (elinvoima) on suodatin, joka puhdistaa luontoa. Ayurvediset lääkärit käyttävät tiettyä luonnonkiveä puhdistamaan öljyä, joka on keitetty lääkeyrttien kanssa valmistettaessa joitakin rohtoja. Samalla tavoin *tapasvin* puhdas elinvoima pystyy puhdistamaan luontoa korjaamalla ihmisen aiheuttamia epätasapainoisuuksia.

Katsellessamme luontoa ja tarkkaillessamme sen epäitsekästä tapaa antaa, voimme tulla tietoisiksi omista rajoituksistamme. Tämä auttaa kehittämään antaumustamme ja antautumistamme Jumalalle. Näin luonto auttaa meitä pääsemään lähemmäs Jumalaa ja opettaa meille todellista jumalanpalvelusta. Todellisuudessa luonto ei ole mitään muuta kuin Jumalan näkyvä muoto, jonka voimme nähdä ja kokea aistiemme välityksellä. Niinpä rakastamalla ja palvelemalla luontoa palvomme itse asiassa Jumalaa itseään.

Aivan kuten luonto luo suotuisat olosuhteet kookospähkinälle kasvaa kookospalmuksi ja siemenelle muuttua valtavaksi hedelmäpuuksi, luonto luo myös tarvittavat olosuhteet, joiden avulla yksittäinen sielu voi saavuttaa Korkeimman olemuksensa ja yhdistyä ikuiseen liittoon Jumalan kanssa.

Vilpitön totuudenetsijä tai todellinen uskovainen ei voi vahingoittaa luontoa, koska hän näkee luonnon Jumalana - hän ei koe luontoa itsestään erillisenä. Hän todella rakastaa luontoa.

Amma sanoisikin, että todellisen tiedemiehen tulisi rakastaa aidosti - rakastaa ihmiskuntaa, rakastaa koko luomakuntaa ja rakastaa elämää.

*Kuinka vakavasta ympäristöongelmasta on kysymys?*

*Amma:* Menneinä aikoina kaikelle oli oma, määrätty aikansa. Tapana oli suorittaa kylvö määrätyn kuukauden tai vuodenajan aikana ja tietty kuukausi oli varattu elonkorjuulle. Tuolloin ei ollut syviä porakaivoja. Maanviljelijät olivat täysin riippuvaisia vedestä ja auringonvalosta, jonka luonto anteliaasti soi. Ihmiset elivät sopusoinnussa luonnon kanssa. He eivät koskaan pyrkineet uhmaamaan luontoa. Luonto oli siksi aina avulias ihmiselle. Luonto oli ihmisen ystävä. Ihmiset luottivat täysin siihen, että sade tulisi ajallaan, jos siemenet kylvettäisiin tiettynä aikana kuukaudesta. He tiesivät myös tarkan ajankohdan, jolloin sato oli valmis korjattavaksi. Kaikki meni sujuvasti. Luonto soi sekä sadetta että auringonpaistetta aina poikkeuksetta oikeaan aikaan. Liiallinen tai väärään aikaan tullut sade ei koskaan tuhonnut satoa, eikä auringonpaistetta ollut liikaa tai siitä puutetta. Kaikki oli tasapainossa. Ihmiset eivät koskaan pyrkineet toimimaan luonnonlakien vastaisesti. Yhteisymmärrys sekä yhteinen usko, rakkaus, myötätunto ja yhteistyö vallitsivat ihmisten kesken. He rakastivat ja palvoivat luontoa ja vastapalveluksena luonto siunasi heitä luonnonvarojen runsaudella. Ainoastaan tällainen asenne auttaa kohottamaan yhteiskuntaa kokonaisuudessaan. Kaikki on kuitenkin muuttunut.

Tieteelliset keksinnöt ovat erittäin hyödyllisiä. Niiden ei kuitenkaan tulisi olla luonnon vastaisia. Ihmisten jatkuva luonnon vahingoittaminen on

## "Vain rakastamalla ja tuntemalla myötätuntoa on mahdollista suojella ja säilyttää luontoa."
### – Amma

tuhonnut luonnon kärsivällisyyden. Luonto on ryhtynyt vastatoimiin. Luonnon katastrofit ovat lisääntymässä suuresti. Luonto on aloittanut tanssinsa kohti lopullista hajoamista. Se on menettänyt tasapainonsa ihmisten sitä kohtaan tekemien epäoikeudenmukaisten toimien johdosta. Tämä on pääsyy kaikelle sille kärsimykselle, jota ihmiskunta tänä päivänä käy läpi.

Tiedemiehellä, joka on luova ja kokeilunhaluinen, voi olla rakkautta. Tämä rakkaus kuitenkin rajoittuu kapealle alueelle. Se kohdistuu vain tiedemiehen omaan tieteelliseen tutkimuskenttään. Se ei sisällytä koko luomakuntaa. Tiedemies on enemmän tai vähemmän sidottu laboratorioonsa, jossa hän istuu, tai käyttämiinsä tieteellisiin välineisiin. Hän ei mieti todellista elämää. Hän on kiinnostuneempi selvittämään löytyykö elämää kuusta tai Marsista. Hän on kiinnostuneempi keksimään ydinvoimaan liittyvää aseistusta.

Tiedemies voi väittää pyrkivänsä löytämään kokemusperäisen maailman totuuden analyyttisen lähestymistavan avulla. Hän leikkelee tutkimuskohteensa palasiksi analysoidakseen, miten ne toimivat. Jos hänelle annetaan kissa, hän on kiinnostuneempi käyttämään eläintä tutkimustarkoituksiin kuin pitämään sitä lemmikkinään. Hän mittaa sen hengitystiheyden, pulssin ja verenpaineen. Tieteen ja totuuden etsimisen nimissä hän leikkelee kissan ja tutkii sen sisäelimet. Kun kissa on leikattu auki, se on kuollut. Elämä katoaa ja kaikki mahdollisuudet rakkauteen ovat poissa. Vain siellä missä on elämää, on rakkautta. Elämän totuutta etsiessään tiedemies tahtomattaan tuhoaa elämän itsensä. Merkillistä!

*Rishi* rakastaa aidosti, sillä hän on sukeltanut syvälle Itseensä, elämän ja rakkauden keskukseen. Hän kokee elämää ja rakkautta kaikkialla - ylhäällä, alhaalla, edessä, takana - joka suunnassa. Jopa helvetissä, jopa alemmassa maailmassa, hän näkee ainoastaan elämää ja rakkautta. Hänelle ei ole olemassa muuta kuin elämä ja rakkaus, jotka säteilevät loistossaan ja kunniassaan kaikista suunnista. Siksi Amma sanoisikin *rishin* olevan 'aito tiedemies'. Hän tekee kokeita oman olemuksensa sisäisessä laboratoriossa. Hän ei koskaan jaa elämää osiin. Hänelle elämä on yksi kokonaisuus. Hän on aina tuossa rakkauden ja elämän jakamattomassa tilassa.

Aito tiedemies, viisas tietäjä, ottaa elämän avosylin vastaan ja tulee yhdeksi sen kanssa. Hän ei koskaan yritä taistella elämää vastaan. Tiedemiehen pyrkiessä taistelemaan elämää vastaan ja voittamaan sen, tietäjä puolestaan yksinkertaisesti antautuu elämälle ja antaa sen kantaa hänet minne haluaa.

Ihminen on kääntynyt luontoa vastaan. Ihminen ei enää välitä luonnosta. Häntä kiinnostaa enemmän tutkiminen ja kokeilu. Hän pyrkii rikkomaan kaikki rajat. Mutta tehdessään niin, hän ei tiedä tasoittavansa samalla tietä omalle tuhoutumiselleen. Se on sama kuin makaisi selällään ja sylkisi ilmaan. Sylki putoaa omille kasvoillemme.

Nykyaikana ihminen ei pelkästään riistä luontoa vaan myös saastuttaa sitä. Oli aika, jolloin lehmänlantaa käytettiin Intiassa desinfiointiaineena lasten saadessa rokotteensa. Mutta nyt haava tulehtuisi ja haavan saanut henkilö kuolisi, jos lehmänlantaa käytettäisiin. Aine, jota ennen käytettiin haavan parantavana lääkkeenä, on muuttunut tulehduksen aiheuttajaksi. Niin paljon myrkkyä on täytynyt kulkeutua lehmänlantaan niiden ruokinnassa käytettävien ruohon, heinän ja öljykakkujen mukana.

Nykyään ei enää sada silloin kun pitäisi. Jos sataa, sataa liian vähän tai liian paljon, ja se tulee joko liian varhain tai liian myöhään. Sama koskee auringonpaistetta. Nykyisin ihmiset pyrkivät käyttämään luontoa hyväkseen. Tästä syystä on tulvia, kuivuutta ja maanjäristyksiä ja kaikki on tuhoutumassa.

Elämän laatu on heikentynyt suuresti. Monet ovat menettäneet uskonsa. He eivät tunne rakkautta eivätkä myötätuntoa ja ryhmähenki, joka saa meidät toimimaan yhdessä, käsi kädessä kaikkien hyväksi, on kadonnut. Tällä on huono vaikutus luontoon. Luonto vetää kaikki siunauksensa takaisin ja kääntyy ihmistä vastaan. Mikäli

ihminen jatkaa näin, Luonnon reaktio tulee olemaan ennalta arvaamaton.

On olemassa tarina pariskunnasta, joka piti viinakauppaa. Aviomies sanoi aina vaimolleen, "Rukoile Jumalaa, että Hän tuo meille lisää asiakkaita." Vaimo totteli miehensä sanaa vilpittömästi. Eräänä päivänä eräs heidän asiakkaistaan huomasi vaimon rukoilevan ja sanoi tälle: "Pyydän, rukoile minunkin puolestani, jotta saisin enemmän työtä." "Mitä teet työksesi?", kysyi vaimo. "Valmistan ruumisarkkuja", sanoi asiakas.

Tämä on maailman nykyinen tila. Elämme maailmassa, jossa ihmiset huolehtivat vain omista eduistaan.

*Onko ihmisestä tulossa uhka elämän olemassaololle maapallolla?*

*Amma:* Kun luonto armollisesti suojelee ja palvelee ihmisiä, on heillä vastaavasti, ilman epäilystäkään, velvollisuus suojella ja palvella luontoa. Nykytiede sanoo puiden ja kasvien vastaavan huomaamattomalla tavalla ihmisten ajatuksiin ja tekoihin. Tiede on todennut kasvien vapisevan pelosta kun lähestymme niitä aikomuksena nyppiä niiden lehdet. Mutta aikoja sitten Intian pyhimykset ja tietäjät, ymmärrettyään tämän suuren totuuden, elivät aiheuttamatta pienintäkään tarpeetonta vahinkoa.

Hindu-kirjoitusten tarina nimeltään *Sakunthalam* havainnollistaa tämän asian. Eräs tietäjä löysi metsästä hylätyn lapsen. Hän vei lapsen erakkomajaansa ja kasvatti hänet siellä omana tyttärenään. Kun tyttö kasvoi, tietäjä antoi hänelle tehtäväksi huolehtia erakkomajan kasveista ja kotieläimistä. Tyttö rakasti kasveja ja eläimiä yhtä paljon kuin omaa elämäänsä. Eräänä päivänä tietäjän ollessa poissa maata hallitseva kuningas näki tuon kauniin tytön ratsastaessaan metsän halki metsästysretkellään. Hän rakastui tyttöön ja halusi ottaa tämän puolisokseen. Tietäjä sai palatessaan kuulla tästä ja suostui ilomielin kuninkaan pyyntöön. Häiden jälkeen tyttö oli lähdössä erakkomajalta kuninkaan palatsiin. Juuri silloin jasmiini-kasvi, jota tyttö oli aina rakastanut ja hoivannut huolella, kumartui varovaisesti alas ja kietoutui hellästi hänen nilkkojensa ympärille. Eläimet itkivät hänen lähtiessään. Tämä kuvaa sitä, kuinka kasvit, puut ja koko luonto antavat meille vastarakkautta, jos me todella välitämme niistä.

*Onko tärkeämpää antaa enemmän arvoa ihmisten tarpeille kuin luonnolle?*

Ihminen ja luonto

*Amma:* Luonto antaa kaiken rikkautensa ihmisille. Aivan kuten luonto on omistautunut auttamaan meitä, meidän tulisi omistautua auttamaan luontoa samalla tavoin. Ainoastaan siten voi sopusointu luonnon ja ihmisten välillä säilyä. Kymmenen lehden ottaminen, jos tarvitaan vain viittä on väärin. Olettakaamme, että kaksi perunaa riittää ruoan valmistamiseen. Jos otat kolmannen, toimit harkitsemattomasti - teet adharmisen (epäoikeudenmukaisen) eli dharman vastaisen teon.

Luonnonvarojen käyttämistä perustarpeisiin ei voida pitää vääränä tekona. Mutta riistäminen muuttaa koko tilanteen. Se tekee toiminnastamme epäoikeudenmukaista. Ensinnäkin, tuhoamme tarpeettomasti ylimääräisen kasvin, eläimen tai mitä sitten käytämmekin hyväksemme. Toiseksi, me kiellämme joltain toiselta sen käytön. Joku toinen olisi voinut hyötyä siitä, ehkäpä naapurimme, jolla ei ole mitään syötävää. Niinpä kun riistämme luontoa, riistämme toisilta. Toki tarvitsemme asunnon, joka auttaa meitä suojautumaan sateelta ja auringolta. Meidän ei kuitenkaan tulisi rakentaa taloa voidaksemme ylpeillä varakkuudellamme ja ylellisellä elintavallamme. Puiden kaatamista talon rakentamista varten ei voida pitää vääränä tekona. Teosta tulee epäoikeudenmukainen tai moraaliton kun teemme sen harkitsemattomasti, ajattelemattomasti. Ylenpalttinen tuhlaaminen ilman ajatusta Jumalasta, suuresta antajasta, tai ihmisistä, jotka voisivat hyötyä käyttämästämme ylimääräisestä rahasta – tämä on väärin.

*Mihin toimenpiteisiin yhteiskunnassa voidaan ryhtyä estääksemme luonnon ja eläinten tuhoutumisen?*

*Amma:* On todellakin korkea aika ryhtyä päättäväisiin toimiin estääksemme ihmistä tuhoamasta luontoa ja luonnonvaroja, joita se ystävällisesti suo meille lahjana tai palkkiona tekemistämme hyvistä teoista. Tiukkojen sääntöjen käyttöönottaminen olisi hyödyllistä; tarvitaan kuitenkin ihmisiä, jotka ovat valmiita noudattamaan ja panemaan toimeen tällaisia sääntöjä. Nykyisin ne, joiden tulisi pitää huolta lakien noudattamisesta, ovat ensimmäisinä rikkomassa niitä. Jokaiseen kylään tulisi perustaa yhdistyksiä lisäämään tietoisuutta luonnonsuojelun ja luonnon säilyttämisen tärkeydestä. Pelkkä älyllinen ymmärtäminen ei riitä. Ihmisiä tulisi opettaa toimimaan sydämestä käsin. Näiden yhdistysten neuvonantajilla ja opettajilla tulisi olla kyky kannustaa ihmisiä rakastamaan luontoa ja tuntemaan myötätuntoa koko luomakuntaa ja sen olentoja kohtaan. Opettajien ja neuvonantajien

Ihminen ja luonto

tulisi itse olla erittäin päteviä ja tehokkaita ihmisiä, jotka voivat innostaa muita toimimaan opetetulla tavalla. Ainoastaan tällä tavoin siitä on jotain hyötyä. Uskonnon ja henkisten periaatteiden tuesta on apua tämän tavoitteen saavuttamisessa.

Merkittävä syy ilman saastumiseen on myrkyllinen savu, joka nousee tehtaiden ja muun teollisuuden valtavista koneista. Tämä vaikuttaa puiden ja kasvien terveeseen kasvuun. Tällaisten laitosten tuottamat myrkyt vahingoittavat pahasti myös ihmisten terveyttä. Tarpeellisiin toimiin tulisi ryhtyä tehdasalueiden ja muiden teollisuusalueiden ympärillä kasvavien puiden sekä kasvien suojelemiseksi ja säilyttämiseksi. Itse asiassa juuri nämä puut ja kasvit puhdistavat suuressa määrin tällaisten paikkojen saastunutta ilmaa. Ilman näiden kasvien olemassaoloa tilanne olisi paljon huonompi. Aloitteen luonnollisen ympäristön säilyttämisestä olisi hyvä tulla yrittäjiltä ja kyseisten yritysten työntekijöiltä.

Viranomaiset eivät voi tehdä mitään yksin ilman ihmisten vilpitöntä ja täyttä yhteistyötä. Jotta tämä toteutuisi, tulisi valtiovallan toimia luontoa rakastavien ihmisten tahdon ja toiveiden mukaisesti. Tämä puolestaan edellyttää poliittisen johdon ja hallitusten virkamiesten tukea. Heidän ei tulisi olla vain ryhmä ihmisiä, jotka haluavat rahaa ja arvostusta. Heidän tavoitteenaan tulisi olla valtion ja sen kansalaisten ylevöittäminen. Paljon on saavutettavissa jos näiden ihmisten käsityskykyä on siunattu epäitsekkäällä ja yleismaailmallisella elämänkatsomuksella.

*Ovatko metsät välttämätön osa maapalloa?*

*Amma:* Kyllä, erittäin suuressa määrin. Tiede ei vielä ymmärrä miten monella tapaa metsät hyödytt'ävät luontoa. Metsät ovat erottamaton osa elämää tällä planeetalla. Ne ovat korvaamattomia. Ne puhdistavat ilmakehää ja ehkäisevät sen

ylikuumenemista. Ne pitävät maaperän kosteana sekä suojelevat ja säilyttävät alkuperäistä luontoa jne.

Ei ole väärin kaataa metsistä puita ja kerätä lääkekasveja elämän perustarpeiden tyydyttämiseksi. Luonto tietää miten suojautua ja pitää huolta itsestään. Tällä hetkellä kuitenkin riistämme luontoa suojelun ja säilyttämisen nimissä. Linnut ja eläimet elävät onnellisina metsissä. Vain ihminen on niiden pahin vihollinen. Tuhoamalla luontoa ihmisestä on tullut oman itsensä vihollinen. iskiessään kirveensä puun tyveen, Hän ei tiedä kaivavansa omaa hautaansa.

*Onko suositeltavaa lähestyä henkisiä mestareita ilman, että yrittäisimme ensin itse ratkaista tämänhetkiset ongelmat?*

*Amma:* Asiantuntijat voivat auttaa sinua ratkaisemaan monet työelämässä vastaan tulevista ongelmista. Tästä ei ole epäilystäkään. Mutta ainoastaan Jumalan voima voi saada jotain oikeasti tapahtumaan. Jotta ylipäätään mitään tapahtuisi, tarvitaan Jumalan armoa. Ihmisen ponnistelu, joka on älyn tuotetta, voi viedä meitä ainoastaan tiettyyn pisteeseen, jota se ei voi ylittää. Tuon pisteen toisella puolen on Jumalan armon valtakunta.

Tekomme eivät kanna hedelmää ellemme pääse kosketuksiin tuon ihmisen ulottumattomissa olevan alueen kanssa. Paras tapa saada yhteys tuohon energiaan on hakea neuvoa ja siunausta todelliselta henkiseltä mestarilta. Tällainen suuri sielu on toisella puolella olevan valtakunnan todellinen lähde. Hän on ehtymätön voiman lähde, todellinen Jumalan voiman ja armon ruumiillistuma. Asiantuntijat voivat auttaa, mutta eivät siunata ja lahjoittaa armoa. Jopa asiantuntijan apu saattaa epäonnistua aikaansaamaan halutun tuloksen, mutta aidon henkisen mestarin sanat ja siunaukset eivät koskaan mene vikaan.

Älä koskaan katso taaksepäin ja murehdi. Katso eteenpäin ja hymyile. Meidän tulisi suorittaa toimemme äärimmäisellä luottamuksella ja valppaudella, silti takertumatta mihinkään. Tätä henkiset mestarit opettavat meille. Mitä hyötyä on surra, jos istuttamamme kasvi kuihtuu? Istuta uusi kasvi hautomatta mielessäsi menetettyä kasvia. Hautomalla mennyttä ihmisestä tulee mieleltään heikko. Tällä tavoin kaikki ihmisen energia valuu hukkaan.

Henkisen mestarin mieli ei ole kuten meidän, joiden mieli juoksee alati maailman nautintojen perässä. Mestarin mieli on kuin puu, joka antaa varjoa ja makeita hedelmiä niillekin, jotka kaatavat sen. viisas tietäjä polttaa elämänsä tuhkaksi epäitsekkäillä teoilla. Hän on kuin suitsuketikku, joka antaa tuoksua toisille oman olemassaolonsa kustannuksella. silti hän tuntee suunnatonta onnea jakaessaan rakkautta ja rauhaa koko yhteiskunnalle. Vain tällainen henkilö voi johdattaa oikeudenmukaisuuden tiellä meitä, jotka olemme täynnä egoa ja takertuneita maailmaan. Tällaiset viisaat eivät ole olemassa vain jotakin henkilöä, yhteiskuntaluokkaa, uskoa tai lahkoa varten. He ovat olemassa koko maailmaa, koko ihmiskuntaa varten.

Amritapuri, May 1994

www.ingramcontent.com/pod-product-compliance
Lightning Source LLC
Chambersburg PA
CBHW070044070426
42449CB00012BA/3158